AF189411

Impressum
Verlag: BABADADA GmbH, Nedderfeld 112 , 22529 Hamburg
Geschäftsführer / Verlagsleitung: Harald Hof
Druck: Books on Demand GmbH, In de Tarpen 42, 22848 Norderstedt

Imprint
Publisher: BABADADA GmbH, Nedderfeld 112 , 22529 Hamburg, Germany
Managing Director / Publishing direction: Harald Hof
Print: Books on Demand GmbH, In de Tarpen 42, 22848 Norderstedt, Germany

جागama
jagama
تقسیم

186/2

tahvel
بورد

klassiruum
تولګی

koolihoov
د بنووزخي حویلی

õpetaja
بنوونکی

paber
ورق

kirjutama
لیکل

pastapliiats
قلم

kirjutuslaud
ډیسک

joonlaud
خط کښ

raamat
کتاب

õpilane
زده کونکی

koolikott

کڅوړه

pinal

د پنسل بکسه

harilik pliiats

پنسل

pliiatsiteritaja

پنسل تراش

kustukumm

ربر

joonistusplokk

د رسامۍ پانه

joonistus

رسامي

pintsel

د نقاشی برس

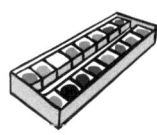

värvikarp

د نقاشی بکس

käärid

قیچي

liim

سریش

töövihik

د تمرین کتاب

kodutöö

کورنۍ دنده

number

شمیر

liitma

جمع

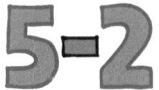

lahutama

منفي

korrutama

ضرب

arvutama

حساب

täht

توری

tähestik

الفبا

sõna

کلمه

tekst

متن

lugema

لوستل

kriit

تباشير

koolitund

درس

klassipäevik

راجستر

eksam

ازموينه

tunnistus

تصديق پاڼه

koolivorm

د ښوونځي يونيفارم

haridus

تعليم

entsüklopeedia

دايره المعارف

ülikool

پوهنتون

mikroskoop

مايكروسكوپ

kaart

نقشه

paberikorv

اشغالدانى

reisimine

سفر

hotell
هوټل
Grand
hostel
لیلیه
ROOMS
valuutavahetuspunkt
د اسعارو د تبادلي دفتر
kohver
بکس
auto
موټر

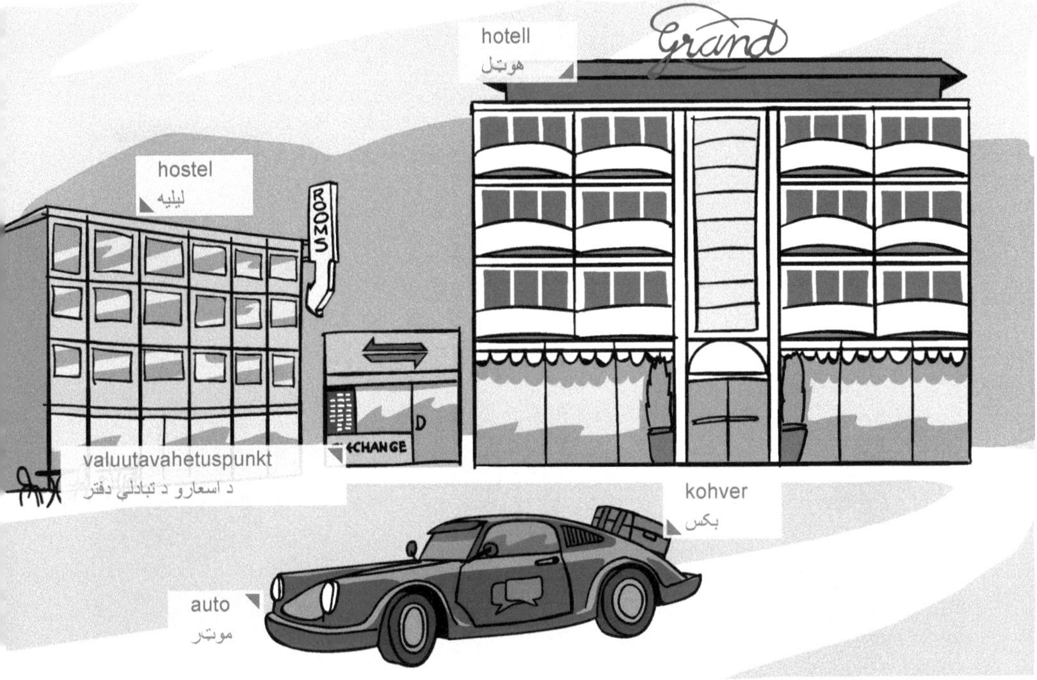

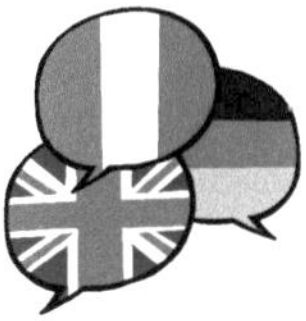

keel

ژبه

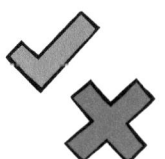

jah / ei

هو/نه

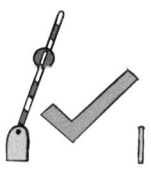

okei

سمه ده

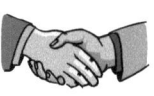

Tere!

سلام

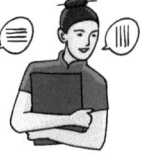

tõlk

ژباړونکی

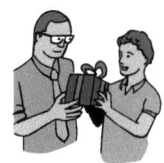

Aitäh!

مننه

Kui palju maksab …?

څومره دي...؟

Ma ei saa aru

زه نه پوهېږم

probleem

ستونزه

Tere õhtust!

ماښام مو پخیر!

Tere hommikust!

سهار په خیر!

Head ööd!

شپه په خیر!

Head aega!

په مخه مو ښه

suund

لارښود

pagas

سامان

kott

بیگ

seljakott

شاتنی بکس

külaline

مېلمه

tuba

خونه

magamiskott

د خوب کڅوړه

telk

خیمه

turismiinfo

د توریزم معلومات

rand

ساحل

krediitkaart

کریدیت کارت

hommikusöök

ناری

lõunasöök

د غرمی خواره

õhtusöök

د ښپی خواره

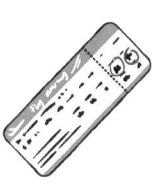

pilet

تیکټ

lift

لفټ

postmark

مهر

riigipiir

پوله

toll

ګمرک

saatkond

سفارت

viisa

ویزه

pass

پاسپورټ

transport
ټرانسپورټ

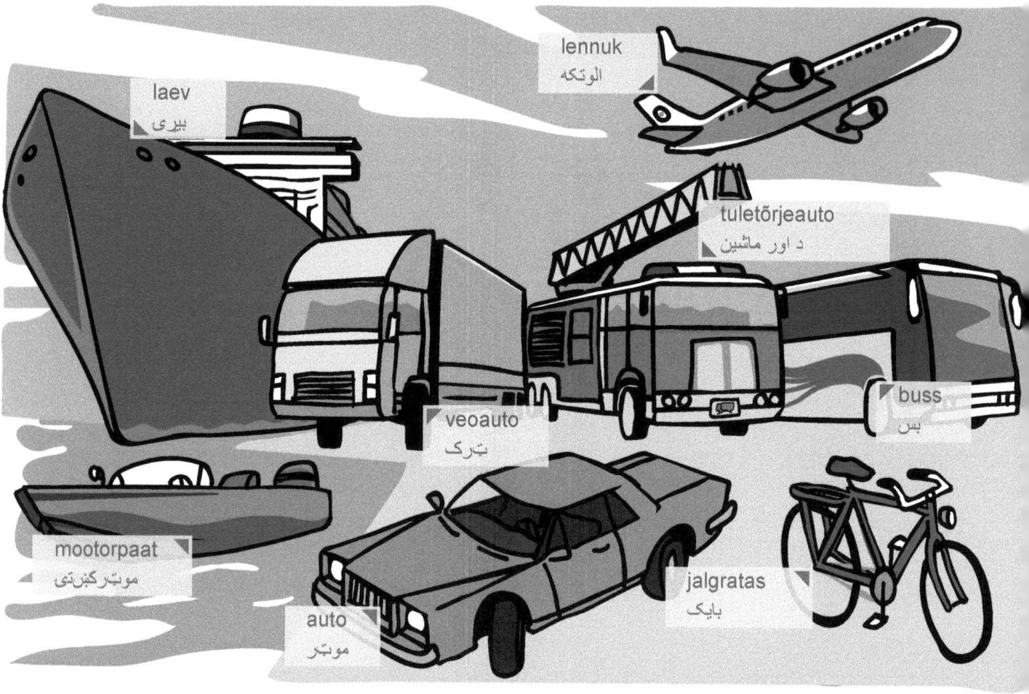
lennuk
الوتکه
laev
بېړۍ
tuletõrjeauto
د اور ماشین
veoauto
ټرک
buss
بس
mootorpaat
موټرکښتۍ
jalgratas
بایک
auto
موټر

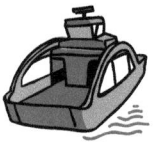

praam
کښتۍ

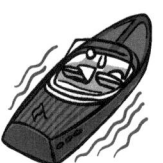

paat
کښتۍ

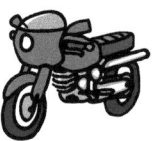

mootorratas
موټرسایکل

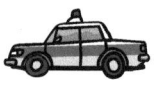

politseiauto
د پولیسو موټر

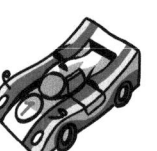

võidusõiduauto
د ریس موټر

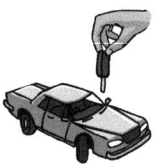

rendiauto
کرایی موټر

ühisauto

د کرایه موټری

puksiirauto

جرثقيل لرونکی ټرک

prügiauto

ريفيوز ټرک

mootor

موټر

kütus

سونګ توکي

tankla

پټرول سټيشن

liiklusmärk

ترافيکي نښه

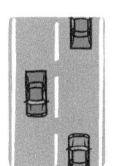

liiklus

ترافيک

liiklusummik

جام ترافيک

parkla

د موټرو تمځای

raudteejaam

د ريل سټيشن

rööpad

پاټکي

rong

ريل

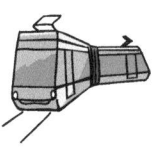

tramm

ټرام

vagun

واګون

helikopter

چورلکه

lennujaam

هوايي ډګر

torn

برج

reisija

مسافر

konteiner

کانټینر

pappkast

کارتون

käru

کارت

korv

ټوکری

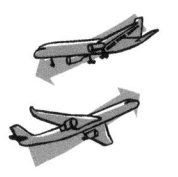

õhku tõusma / maanduma

الوتنه کول/کښیناستل

linn

بش‌ار

küla

کلی

kesklinn

د بش‌ار مرکز

maja

کور

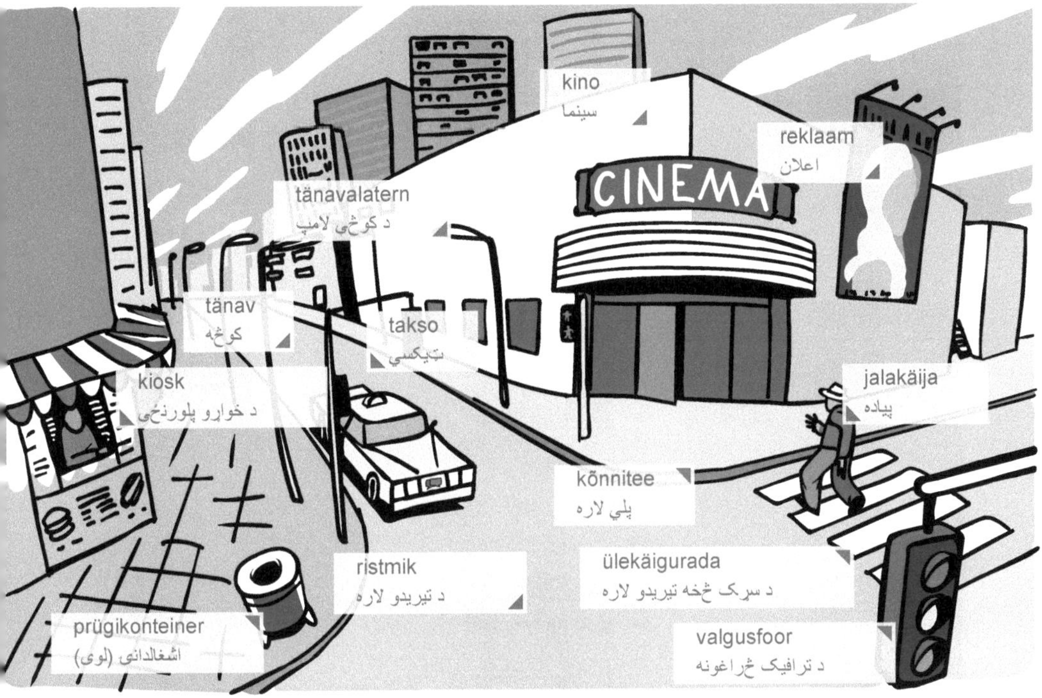

kino
سینما

reklaam
اعلان

tänavalatern
د کوڅی لامپ

tänav
کوڅه

takso
تېکسي

kiosk
د خوارو پلورنځی

jalakäija
پیاده

kõnnitee
پلي لاره

ristmik
د تیریدو لاره

ülekäigurada
د سړک څخه تیریدو لاره

prügikonteiner
اشغالدانۍ (لوی)

valgusfoor
د ترافیک څراغونه

osmik

کودله

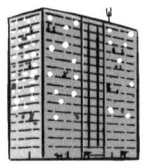

kortermaja

اپارتمان

raudteejaam

د ریل سټیشن

raekoda

ټاون هال

muuseum

میوزیم

kool

ښوونځی

ülikool

پوهنتون

pank

بانک

haigla

روغتون

hotell

هوټل

apteek

درملتون

kontor

دفتر

raamatupood

کتاب پلورنځی

kauplus

پلورنځی

lillepood

د ګلانو پلورنځی

supermarket

لوی پلورنځی

turg

مارکیټ

kaubamaja

د دیپارټمنټ ستور

kalapood

کب پلورنځی

kaubanduskeskus

د پلور مرکز

sadam

لنګرتون

park

پارک

pink

بينچ

sild

پل

trepp

زينه

metroo

د خمکی لاندی

tunnel

تونل

bussipeatus

بس تمځای

baar

بار

restoran

ريستورانت

postkast

پوست بکس

tänavasilt

د کوڅی نښه

parkimisautomaat

د پارک کولو ميتر

loomaaed

ژوبڼ

ujula

د لامبو حوض

mošee

مسجد

talu

كرونده

reostus

ناپاکي

surnuaed

هديره

kirik

چرچ

mänguväljak

د لوبو ډکر

tempel

معبد/کلیسا

maastik

منظره

leht

پانه

teeviit

د لارښوونی نښه

tee

لاره

aas

چمن

kivi

کاڼی

puu

ونه

matkaja

هیکر

jõgi

سیند

rohi

واښه

lill

ګل

org

درہ

mägi

غوندی

järv

ناور

mets

خنگل

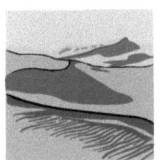

kõrb

دشته

vulkaan

اورشیندی

linnus

کلا

vikerkaar

رنگین کمان

seen

مرخیري

palm

پلم ونه

sääsk

ماشي

kärbes

الوتل

sipelgas

میږی

mesilane

مچی

ämblik

غوندڼ/جولا

mardikas

گوونکبت

konn

چوونگبڕه

orav

نولی

siil

زیرکی

jänes

سوی

öökull

گونگ

lind

مرغی

luik

قازه

metssiga

نرخوگ

hirv

هوسی

põder

گاوزه

pais

بند

tuuleturbiin

بادي توربين

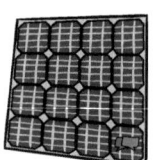

päikesepaneel

سولر تختي

kliima

اقلیم

restoran

ریسټورانټ

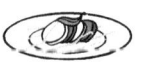

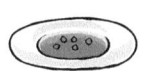

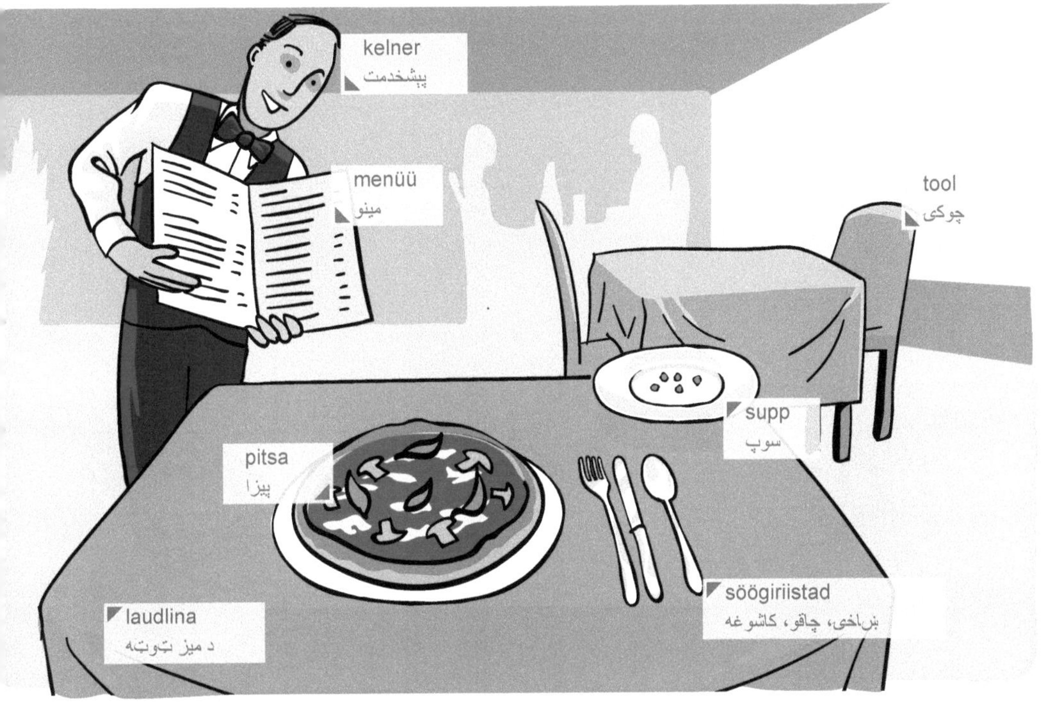
kelner
پیشخدمت
menüü
مینو
tool
چوکی
supp
سوپ
pitsa
پیزا
söögiriistad
ښاخی، چاقو، کاشوغه
laudlina
د میز ټوټه

eelroog

سټارټر

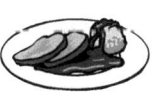

pearoog

اصلي خواړه

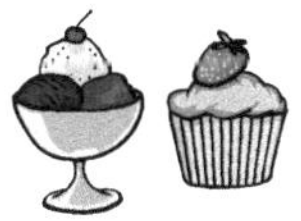

magustoit

شیرني

joogid

څښاک

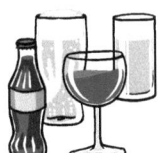

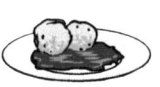

toit

خواړه

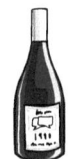

pudel

بوتل

kiirtoit

فاسټ فوډ

tänavatoit

د کوڅۍ خواره

teekann

چای جوش

suhkrutoos

قندانی

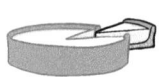

portsjon

برخه

espressomasin

اسپرسو مشين

lastetool

لوړه چوکی

arve

رسيد

kandik

مجمه

nuga

چاکو

kahvel

پنجه

lusikas

قاشق

teelusikas

چای قاشق

salvrätik

سوروېت

klaas

ګلاس

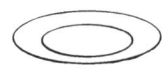

taldrik

پلیټ

supitaldrik

د سوپ پلیټ

alustass

نالبکی

kaste

ساس

soolatoos

مالګه شیندونکی

pipraveski

د مرچ تکولو لوخی

äädikas

سرکه

õli

غوري

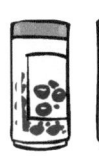

vürtsid

مساله

ketšup

کچ اپ

sinep

ثرشم

majonees

چکه

eripakkumine
خانگری ورانديز

klient
پيرودونکی

piimatooted
لبنيات

puuviljad
ميو ٥

ostukäru
لاسي ګرځ

lihapood

قصابي

pagariäri

نانوايی

kaaluma

وزن کول

köögiviljad

سبزيجات

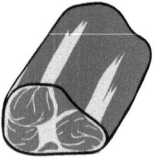

liha

غوښه

külmutatud toit

کنګل خواره

lihalõigud

یخه غوښه

konservid

کنسروا خواړه

pesupulber

د مینځلو پودر

maiustused

ښیریني

majatarbed

کورني تولیدات

puhastustooted

د پاکولو محصولات

müüja

د پلور فرد

kassaaparaat

د نغدي راجستر

kassapidaja

صراف

ostunimekiri

د پیرود لیست

lahtiolekuajad

کاري ساعتونه

rahakott

بټوه

krediitkaart

کریدیټ کارت

kott

کڅوړه

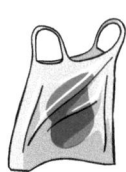

kilekott

پلاستیک کڅوړه

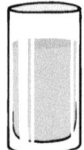

vesi
اوبه

mahl
جوس

piim
ښیده

koola
کوک

vein
واین

õlu
بیر

alkohol
الکول

kakao
ککاو

tee
چای

kohv
کافي

espresso
اسپرسو

cappuccino
کپچینو

banaan

كيله

õun

منه

apelsin

نارنج

arbuus

هنوانه

sidrun

ليمو

porgand

گازره

küüslauk

اوره

bambus

بانكو

sibul

پياز

seen

مرخيري

pähklid

چغزی

nuudlid

آش

spagetid

سپېگټي

riis

وريجي

salat

سلاد

friikartulid

چپس

praekartulid

سره کړي کچالو

pitsa

پيزا

hamburger

همبرگر

võileib

ساندويچ

šnitsel

کتره

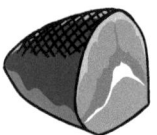

sink

د پتون غوبڼه

salaami

سلمي

vorst

ساسوچ

kana

چرگ

praeliha

روستَ

kala

کب

kaerahelbed

د وربشي شيريني

müsli

موسلي

maisihelbed

د جوار پلی

jahu

اوړه

sarvesai

کروسانت

kukkel

د ډوډۍ رول

leib

ډوډۍ

röstsai

ټوسټ

küpsised

بسکیټ

või

کوچ

kohupiim

چکه

kook

کیک

muna

هګۍ

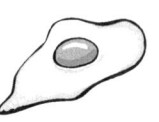

praemuna

پخسی هګۍ

juust

پنیر

jäätis

آيس كريم

suhkur

بوره

mesi

شُهد

moos

مربا

pähklivõie

نوكات كريم

karri

كوركمان

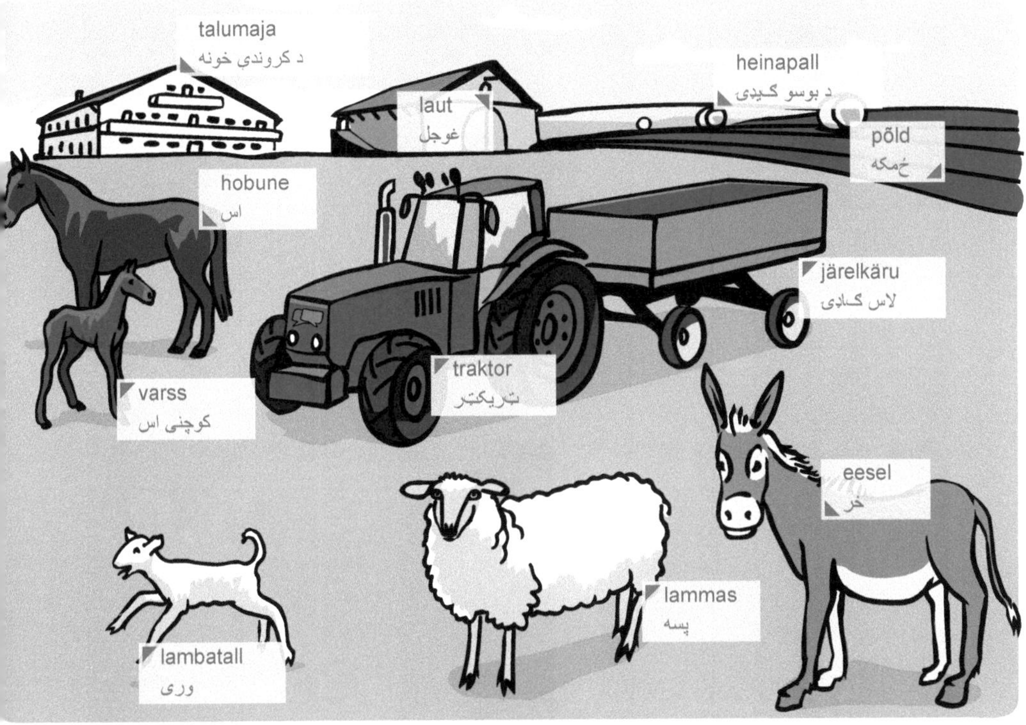

talumaja
د کروندی خونه

heinapall
د بوسو گیدی

laut
غوجل

põld
څمکه

hobune
اس

järelkäru
لاس گاډی

varss
کوچنی اس

traktor
تراکتر

eesel
خر

lammas
پسه

lambatall
ورۍ

kits

وزه

lehm

غوا

vasikas

خوسکی

siga

خوگ

põrsas

د خوگ بچی

pull

غویی

hani

بته

part

هيلى

tibu

چرګوړى

kana

چرګه

kukk

بانګني

rott

ساراى موږک

kass

پيشک

hiir

موږک

härg

غويى

koer

سپى

koerakuut

د سپي خونه

aiavoolik

د باغ هوز

kastekann

د اوبو لوخى

vikat

لور (داس)

ader

يوى

sirp

لور

kõblas

رمبی

hang

بڑاخی

kirves

تیر

käru

کراچی

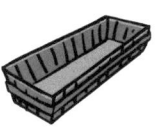

küna

ناوه

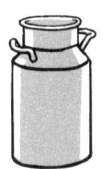

piimanõu

د شیدو لوخی

kott

جوال

tara

کتّاره

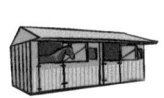

tall

مضبوط

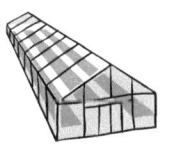

kasvuhoone

ښنه خونه

muld

خاوره

seeme

تخم

väetis

سره/کود

kombain

گډ ریبونکی ماشین

saaki koristama

زیرمه کول

saagikoristus

درمند

jamss

خواږه کچالو

nisu

غنم

soja

سویا

kartul

کچالو

mais

جوار

raps

نباتي تخم

viljapuu

د میوی ونه

maniokk

مانیوک

teravili

غله

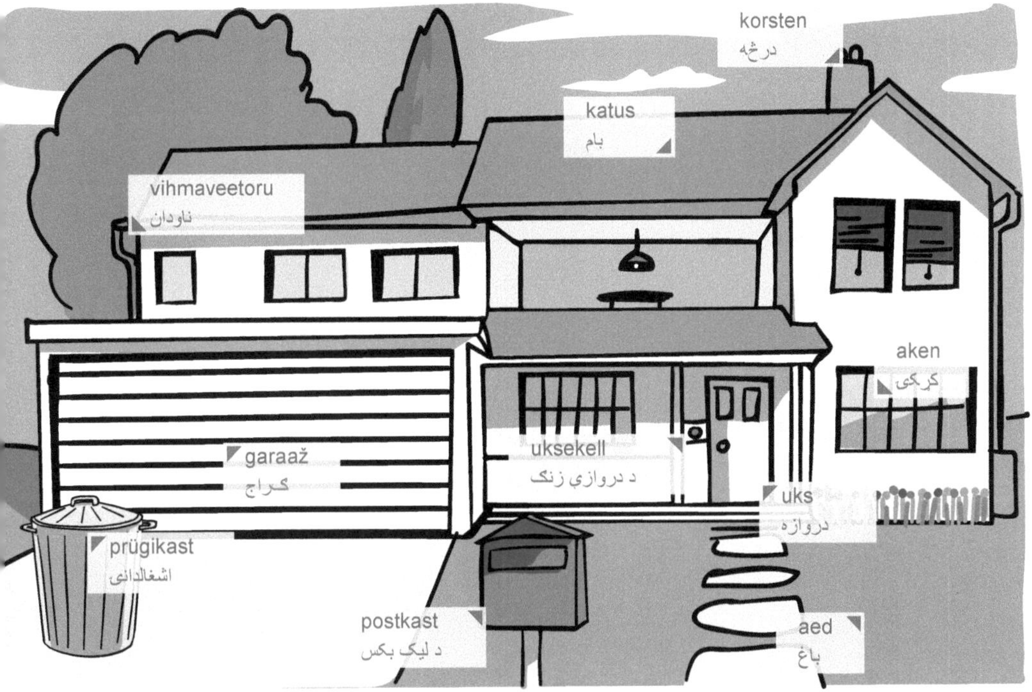

korsten
درځه

katus
بام

vihmaveetoru
ناودان

aken
کړکۍ

garaaž
ګراج

uksekell
د دروازی زنګ

uks
دروازه

prügikast
اشغالدانۍ

postkast
د لیک بکس

aed
باغ

elutuba
د اوسیدو خونه

vannituba
حمام

köök
پخلنځی

magamistuba
د ویده کیدو خونه

lastetuba
د ماشوم خونه

söögituba
د خوارو خونه

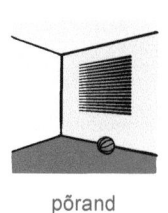

põrand

فرش

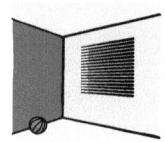

sein

ديوال

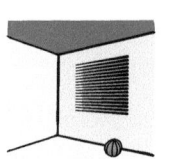

lagi

چت

kelder

زيرخانه

saun

سونا

rõdu

بالكوني

terrass

تراس

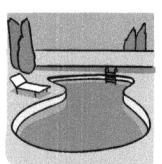

bassein

حوض

muruniiduk

د چمن وهلو ماشين

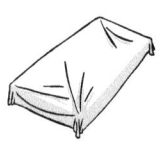

voodilina

شيت

päevatekk

روجايى

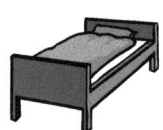

voodi

تخت

luud

جارو

ämber

بوكه

lüliti

سويچ

elutuba

د اوسیدو خونه

tapeet
والپیپر
pilt
عکس
riiul
شیلف
kamin
نغری
lill
گل
vaas
گلدانی
lamp
لامپ
kapp
الماری
televiisor
تلویزیون
padi
بالښت
diivan
صوفه
kaugjuhtimispult
ریموټ کنټرول

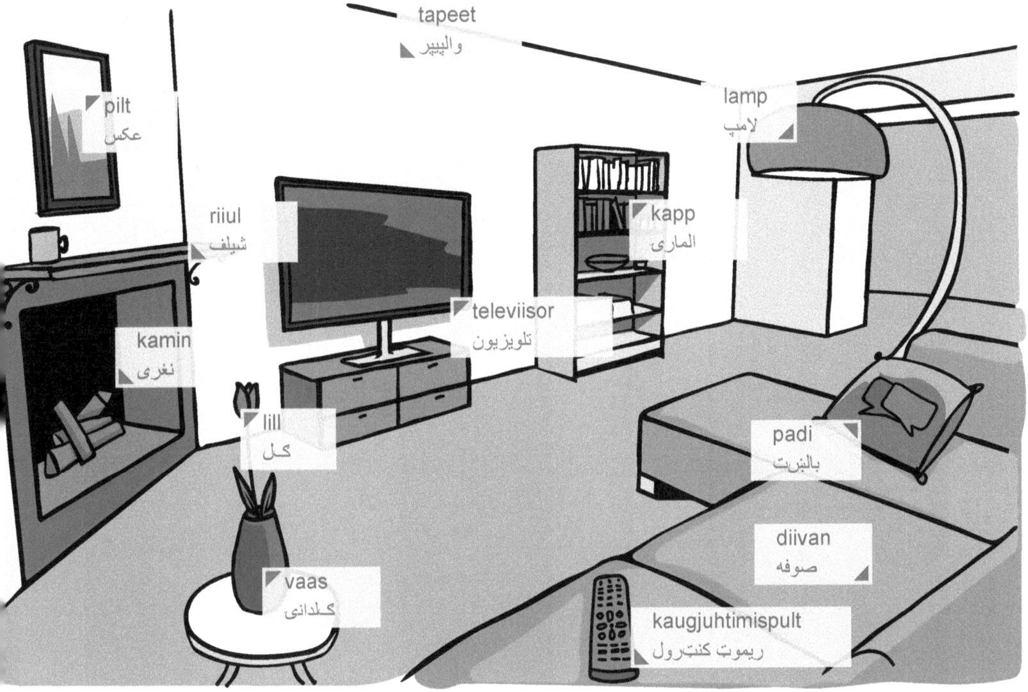

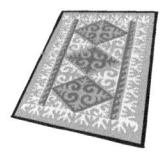

vaip

غالی

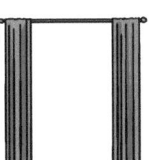

kardin

پرده

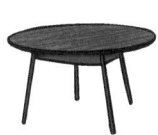

laud

میز

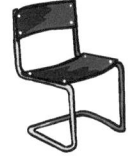

tool

چوکی

kiiktool

تاویدونکي چوکی

tugitool

بازو لرونکی چوکی

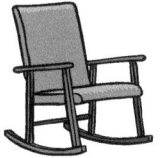

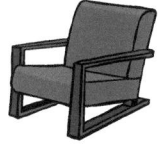

raamat

كتاب

tekk

كمبل

kaunistus

ديكوريشن

küttepuud

د اور لرګي

film

فلم

helisüsteem

هايفای

võti

كلي

ajaleht

ورځپانه

maal

نقاشي

plakat

پوستر

raadio

راديو

märkmik

كتابچه

tolmuimeja

واكيوم جارو

kaktus

كاكتوس

küünal

شمع

köök
پخلنځی

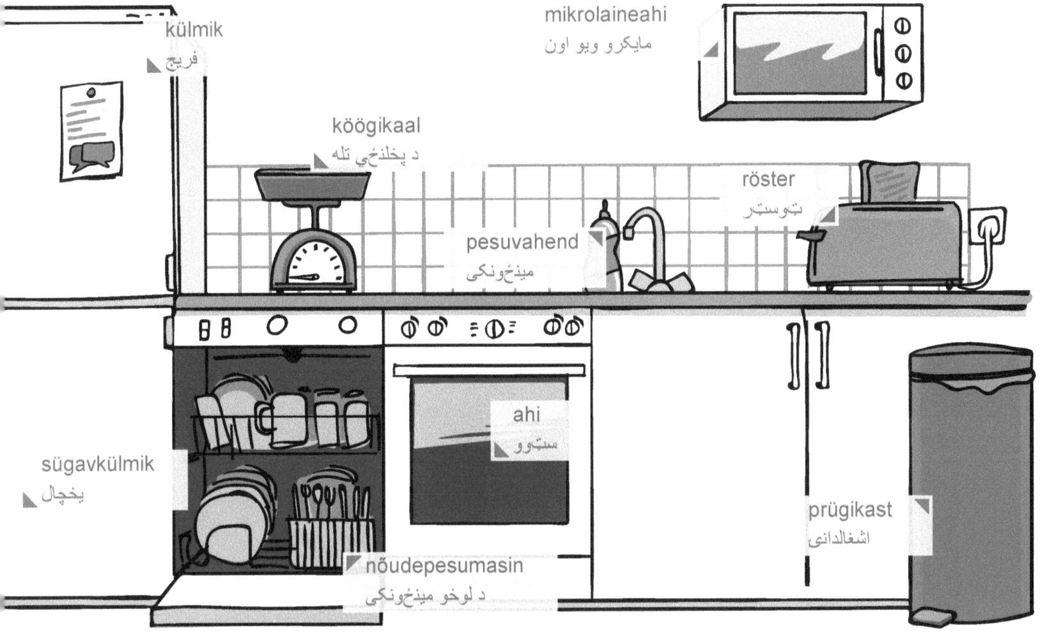

külmik
فریج
mikrolaineahi
مایکرو ویو اون
köögikaal
د پخلنځي تله
röster
ټوستر
pesuvahend
مینځونکی
ahi
سټوو
sügavkülmik
یخچال
prügikast
اشغالدانی
nõudepesumasin
د لوخو مینځونکی

pliit

دیګ بخار

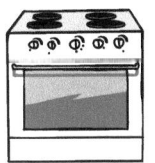

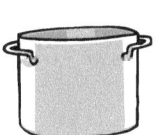

pott

لوخی

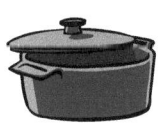

malmpott

چدني لوخی

vokkpann

ووک

pann

د تلي په

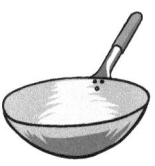

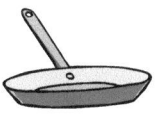

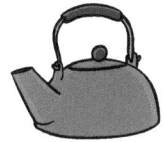

veekeetja

چای جوش

aurutaja

د بخار ديګ

küpsetusplaat

پتنوس

lauanõud

لوخي

kruus

مګ

kauss

كاسه

söögipulgad

د رانيولو اوزار

kulp

څمڅی

pannilabidas

كفګير

vispel

پاكونكی

kurn

صافي

sõel

غلبيل

riiv

ګريتر

uhmer

اونګ

grill

بار بي كيو

lahtine tuli

خلاص اور

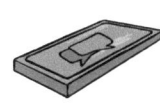

lõikelaud

تخته

tainarull

هوارونکی

korgitser

کارک سکریو

konservipurk

ټین

konserviavaja

د ټین خلاصونکی

pajakinnas

د لوخي ټوټه

kraanikauss

ظرف شوی

hari

برس

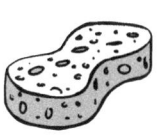

pesukäsn

سپنج

kannmikser

بلیندر

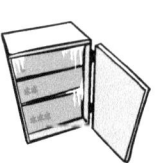

sügavkülmuti

ژور یخچال

lutipudel

د ماشوم بوتل

segisti

نل

vannituba

حمام

küte
تودول
käterätik
جان پاک
dušš
شاور
dušikardin
د شاور پرده
mullivann
ببل حمام
vann
د حمام ټب
klaas
ګلاس
pesumasin
د مینځلو مشین
segisti
نل
plaadid
ټایلونه
pissipott
یو بول کمود
kraanikauss
ظرف شوی

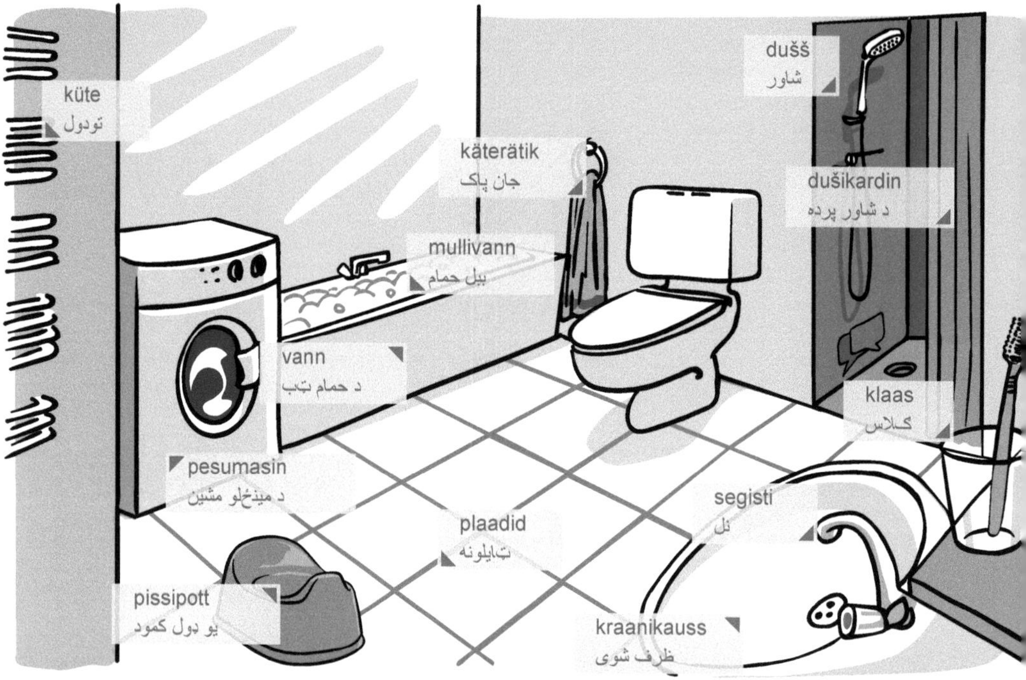

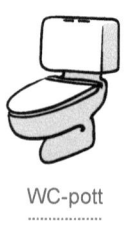

WC-pott

تشناب

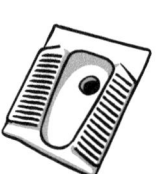

kükitamistualett

فرشي کمود

bidee

کمود

pissuaar

د متیازو ځای

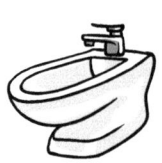

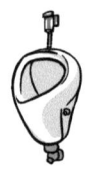

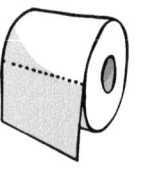

tualettpaber

تشناب کاغذ

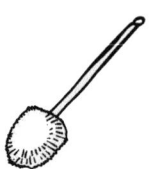

WC-hari

د تشناب برس

hambahari

د غاښونو برس

hambapasta

د غاښونو کريم

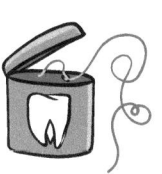

hambaniit

د غاښونو نخ

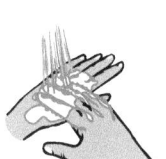

pesema

لاس مينځل

käsidušš

لاسي شاور

intiimdušš

دوش

pesukauss

کاسه

seljahari

د شا برس

seep

صابون

dušigeel

د شاور ژل

šampoon

شامپو

vamm

د جامه فلانل

äravool

وچول

kreem

کريم

deodorant

سپری

peegel

آینه

käsipeegel

آینه لاسي

habemenuga

ریزر

raseerimisvaht

د خریلو فوم

habemevesi

د خریلو وروسته

kamm

کمنځ

hari

برس

föön

د ویښتانو وچونکی

juukselakk

د ویښتانو سپری

meigikomplekt

میک اپ

huulepulk

لیپ ستیک

küünelakk

د نوکانو پالش

vatt

کاټن وری

küünekäärid

ناخن گیر

parfüüm

عطر

tualett-tarvete kott

د مینځلو کڅوړه

taburet

ستئول

kaal

د وزن کولو تله

hommikumantel

د حمام پوښاک

kummikindad

د ربړ دستکش

tampoon

تـامپون

hügieeniside

صحیی جان پاک

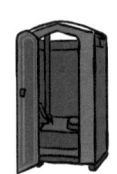

keemiline tualett

کیمیکل تشناب

lastetuba

د ماشوم خونه

äratuskell
د الارم ساعت
pehme mänguasi
د لوبو وسايل
mänguauto
د نانځکي موټر
kõristi
ريټل
nukumaja
د نانځکو خونه
kingitus
ډالۍ

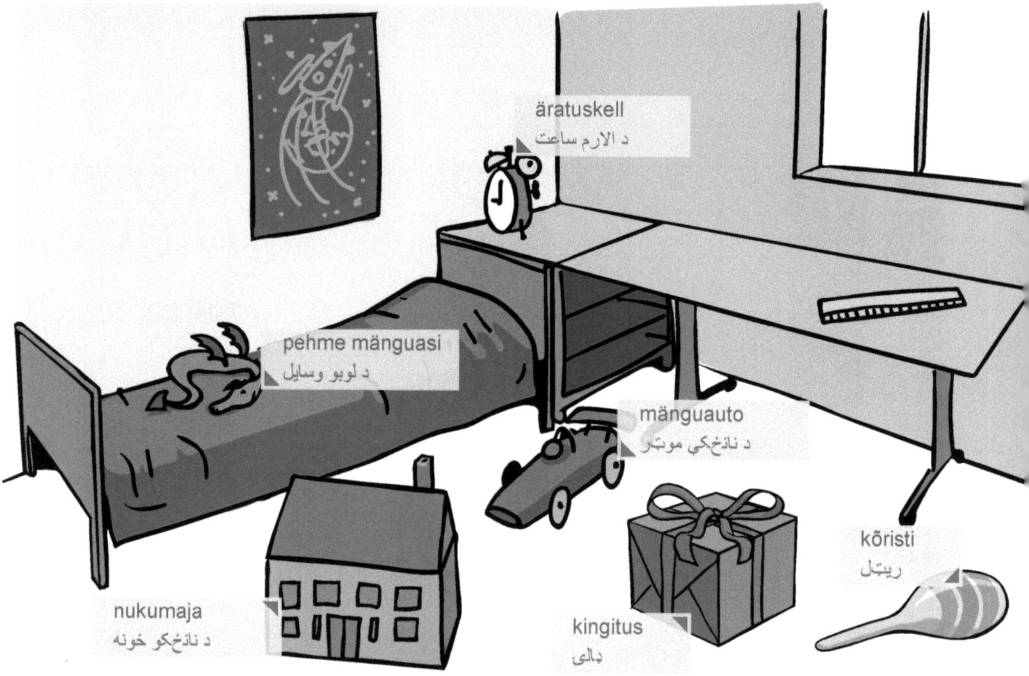

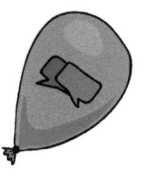

õhupall

بالون

voodi

تخت

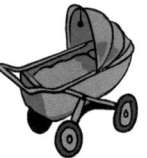

lapsevanker

کالسکه

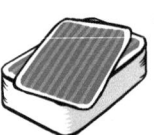

kaardipakk

د لوبو ورقې

pusle

جيګسا

SUPER MEGA

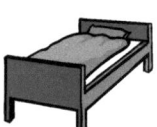

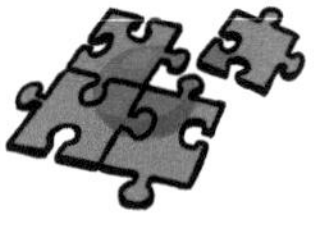

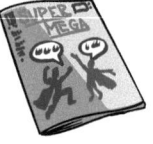

koomiks

مسخره

Lego klotsid

ليكو بريك

klotsid

د ناڅخكو بلاك

kujuke

د اكشن فيكور

siputuspüksid

د ماشوم پوښاك

lendav taldrik

فريزبي

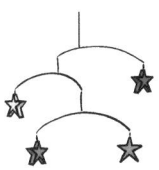

voodikarussell

موبايل

lauamäng

بورد لوبه

täringud

تاس

mudelrong

ماډل ریل سیت

lutt

كونګشى

pidu

پارتي

pildiraamat

د عكسونو البوم

pall

بال

nukk

ناڅخكه

mängima

لوبيدل

liivakast

د شګو کنده

kiik

سوینګ

mänguasjad

ناڅخکی

mängukonsool

د ویډیو لوبو کنسول

kolmerattaline jalgratas

ترای سایکل

mängukaru

کوډکه

riidekapp

د کالو الماری

riietus

پوښاک

sokid

جرابي

sukad

لوړي جرابي

sukkpüksid

ټایيتس

sall
زروکی

vihmavari
چتری

T-särk
تي شرت

vöö
کمربند

saapad
بوتان

sussid
سلیپر

tossud
سنیکر

sandaalid	jalatsid	kummikud
....	....	....
سیندل	بوتان	د ربر بوتان

aluspüksid	rinnahoidja	vest
....	....	....
زیرنیکري	سینه بند	واسکت

bodi

بادي

püksid

پتلون

teksapüksid

جينز

seelik

لمن

pluus

بلاوز

särk

شرت

sviiter

بنيان

dressipluus

سويتر

bleiser

بليزر

jakk

جاكت

mantel

كوت

vihmamantel

د باران کوت

kostüüm

پوښاک

kleit

كالي

pulmakleit

د واده پوښاک

ülikond

دريشي

öösärk

د شپي پوښاک

pidžaama

پاجامه

sari

ساري

pearätt

لوپته

turban

پټکی

burka

برقه

kaftan

كفتن

abayah

عبا

ujumistrikoo

د لامبو پوښاک

ujumispüksid

نيكر

lühikesed püksid

ٹشارت

dressid

د ځغاستی پوښاک

põll

پيش بند

kindad

دستكش

nööp

بتـن

prillid

عینک

käevõru

لاس بند

kaelakee

غاړه کۍ

sõrmus

ګوتمه

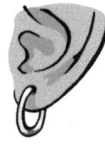

kõrvarõngas

غوږوالۍ

nokamüts

خولۍ

riidepuu

کوټ بند

kaabu

خولۍ

lips

نتايۍ

tõmblukk

ځنځير

kiiver

هیلمیټ

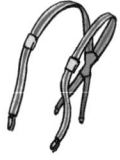

traksid

ترونکۍ

koolivorm

د ښوونځي يونيفارم

vormirõivad

يونيفارم

pudipõll
....
بيب

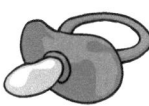

lutt
....
کونکشی

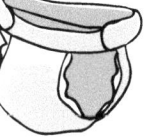

mähe
....
نيپی

arhiivikapp
د دوسیه الماری

server
سرور

paber
ورق

printer
پرينتر

monitor
مانیتور

kirjutuslaud
ډیسک

hiir
ماوس

kaust
فولدر

klaviatuur
کي بورد

paberikorv
اشغالدانی

arvuti
کمپيوتر

tool
چوکی

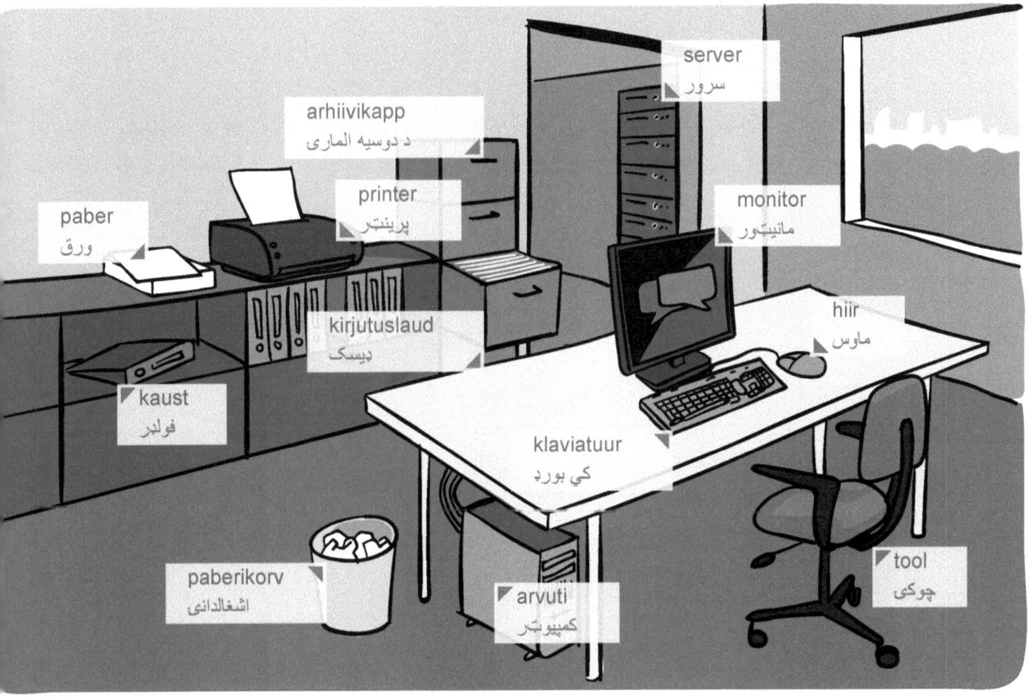

kohvikruus
....
د کافي پياله

kalkulaator
....
کالکولیتر

internet
....
انترنيت

sülearvuti

لپ تاپ

kiri

لیک

sõnum

پیغام

mobiiltelefon

موبایل

võrk

نیتورک

koopiamasin

فوتوکاپیر

tarkvara

سافتویر

telefon

تلیفون

pistikupesa

پلک ساکت

faksimasin

فکس مشین

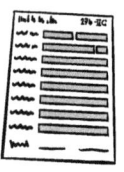

vorm

فارم

dokument

سند

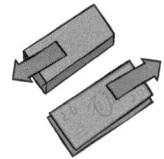

ostma

پيرل

maksma

تاديه كول

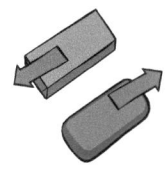

vahetama

سوداگري كول

raha

پيسي

dollar

ډالر

euro

يورو

jeen

ين

rubla

ربل

Šveitsi frank

سويسي فرانک

renminbi jüaan

رينمينبي يوان

ruupia

روپۍ

sularahaautomaat

د نغذي پيسو خای

valuutavahetuspunkt

د اسعارو د تبادلي دفتر

kuld

سره زر

hõbe

سپین زر

nafta

تیل

energia

انرژي

hind

نرخ

leping

قرارداد

maks

مالیه

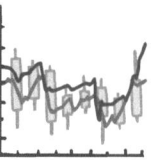

aktsia

اسهام

töötama

کار کول

töötaja

کارمند

tööandja

کار گومارونکی

tehas

فابریکه

kauplus

پلورنځی

ametid
مسلکونه

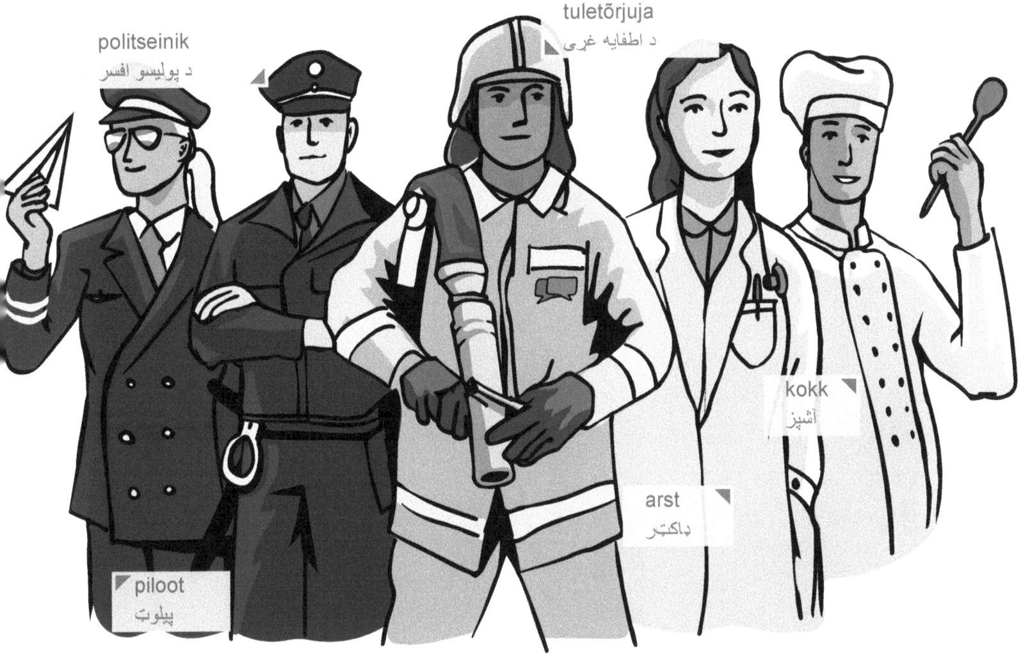
tuletõrjuja
د اطفایه غړی
politseinik
د پولیسو افسر
kokk
آشپز
arst
ډاکټر
piloot
پیلوټ

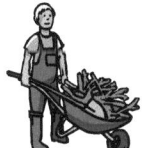

aednik
....
باغوان

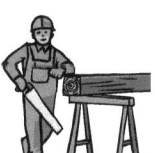

puusepp
....
نجار

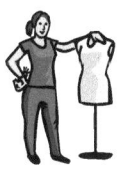

õmbleja
....
خیاط

kohtunik
....
قاضي

keemik
....
کیمیا پوه

näitleja
....
د فلم لوبغاړی

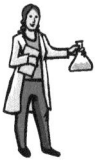

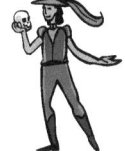

bussijuht

د بس ډرايور

taksojuht

د ټيکسي ډرايور

kalamees

کب نيونکی

koristaja

خدمه

katusepaigaldaja

بام جوړونکی

kelner

پېشخدمت

jahimees

ښکاري

maaler

نقاش

pagar

نانوا

elektrik

د برېښنا کارکونکی

ehitaja

تعمير جوړونکی

insener

انجنير

lihunik

قصاب

torumees

نلدوان

postiljon

پوست رسونکی

sõdur

سرتیری

arhitekt

مهندس

kassapidaja

صراف

lillemüüja

مالیار

juuksur

نایی

piletikontrolör

کلیندر

mehaanik

میکانیک

kapten

کپتان

hambaarst

د غاښونو ډاکټر

teadlane

ساینس پوه

rabi

ښاغلی

imaam

امام

munk

مذهبي نفر

preester

پادري

tööriistad

لوازم

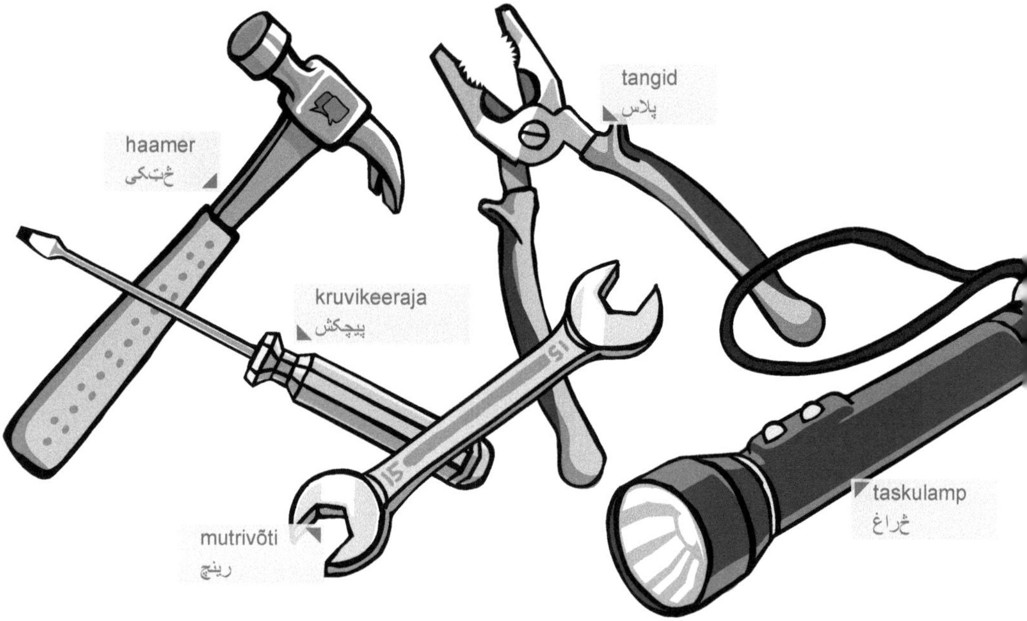

haamer
څټکی
tangid
پلاس
kruvikeeraja
پیچکش
mutrivõti
رینچ
taskulamp
څراغ

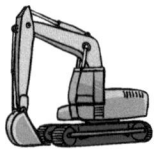

ekskavaator

کنستونکی

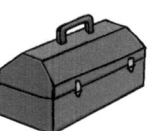

tööriistakast

د لوازمو بکس

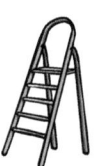

redel

زینه

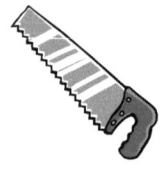

saag

اره

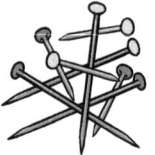

naelad

میخونه

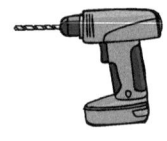

trell

برمه

parandama

ترمیم کول

labidas

بیل

Põrgusse!

لعنت!

kühvel

خاک انداز

värvipott

مشوانۍ

kruvid

پیچونه

pillid

د میوزیک آلات

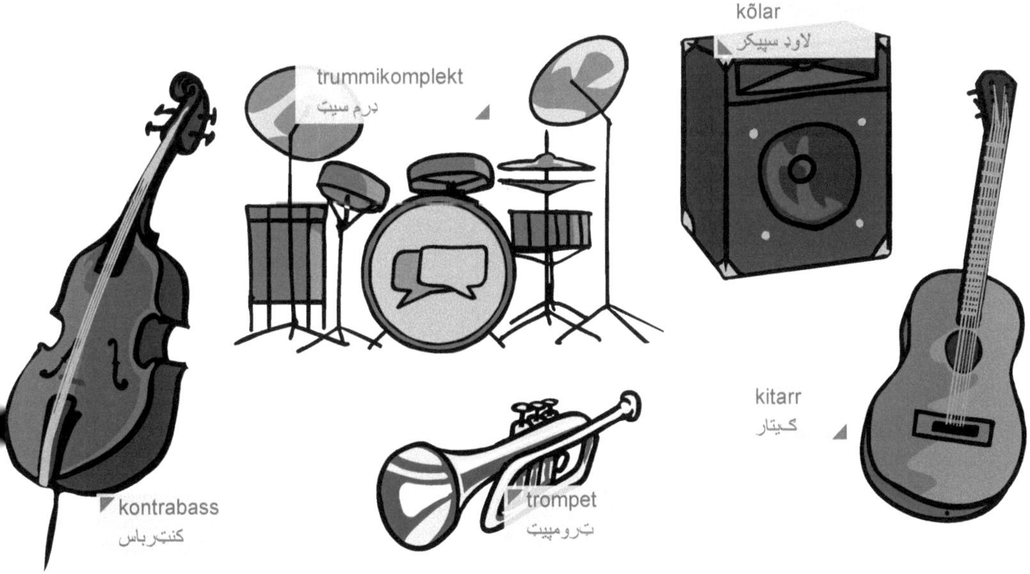

kõlar

لاود سپیکر

trummikomplekt

درم سیټ

kitarr

ګیتار

kontrabass

کنټرباس

trompet

ترومپیټ

klaver

پیانو

viiul

واینل

bass

باس

timpan

نغاره

trummid

درمونه

süntesaator

کي بورد

saksofon

سیکسافون

flööt

ښپیلی

mikrofon

مایکروفون

loomaaed

ژوبڼ

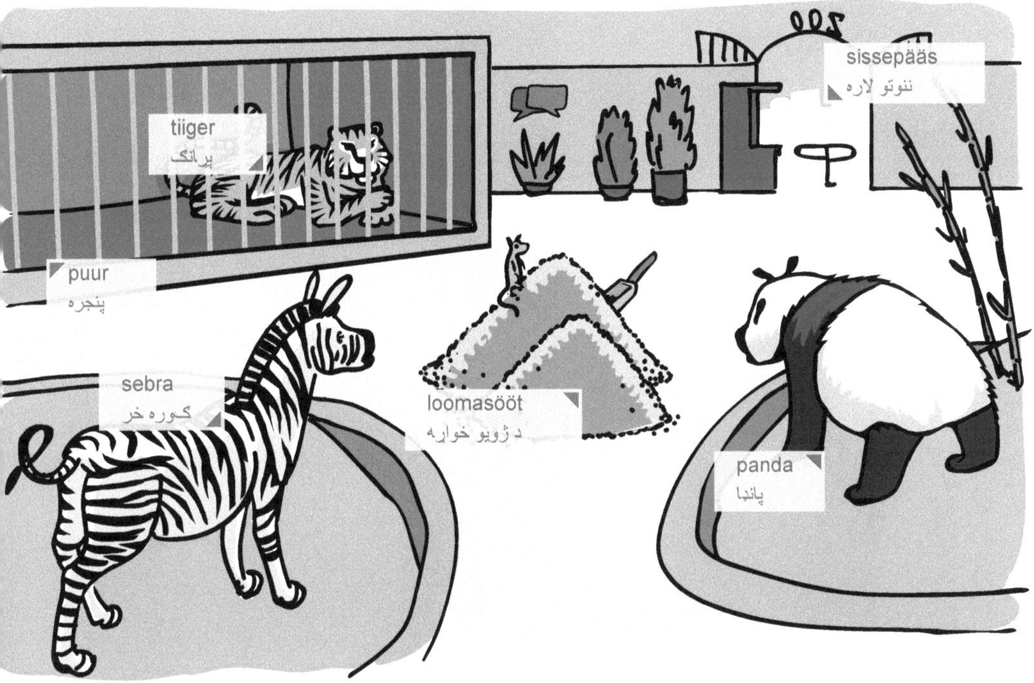

tiger
پړانګ
sissepääs
ننوتو لاره
puur
پنجره
sebra
ګوره خر
loomasööt
د ژويو خواړه
panda
پانډا

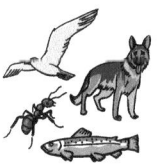

loomad

ژوی

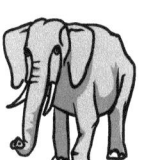

elevant

هاتي

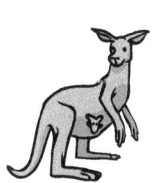

känguru

کنګرو

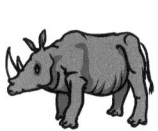

ninasarvik

د اوبو اسپ

gorilla

ګوريلا

karu

ايږه

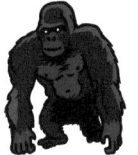

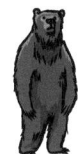

kaamel

اوښ

jaanalind

شترمرغ

lõvi

زمری

ahv

بيزو

flamingo

غزی

papagoi

طوطي

jääkaru

قطبي ايږه

pingviin

پينگوين

hai

شارک

paabulind

طاوس

madu

مار

krokodill

تمساح

loomaaiatalitaja

ژوبن ساتونکی

hüljes

سيل

jaaguar

جگوار

poni

یابو

leopard

پرانگ

jõehobu

هیپو

kaelkirjak

زرافه

kotkas

باز

metssiga

نرخوگ

kala

کب

kilpkonn

شمشتی

morsk

سمندري نولی

rebane

گیدره

gasell

هوسی

Ameerika jalgpall
امریکایی فټبال

jalgrattasõit
سایکل ځغلول

tennis
ټینیس

korvpall
باسکیټبال

ujumine
لامبو

poksimine
باکسینگ

jäähoki
د کنګل هاکي

jalgpall

فټبال

sulgpall

کسیزه

kergejõustik

د ځغاستي لوبی

käsipall

د هنډبال

suusatamine

سکي

polo

پولو

tegevused
فعالیتونه

hüppama
ټوپ وهل
kallistama
غاړه ورکول
naerma
خندل
jalutama
ګرځېدل
laulma
سندري ويل
unistama
خوب ليدل
palvetama
عبادت کول
suudlema
مچو کول

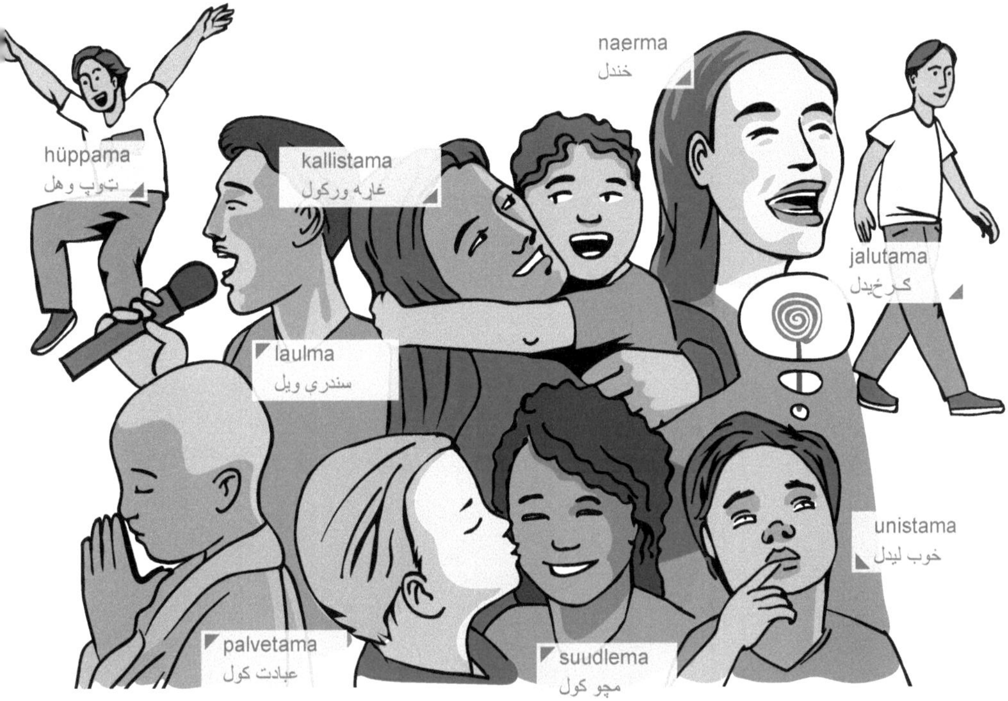

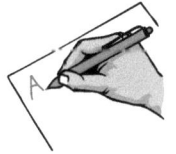

kirjutama

ليکل

joonistama

کښل

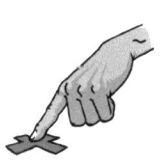

näitama

ښودل

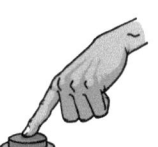

lükkama

ټيله کول

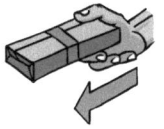

andma

ورکول

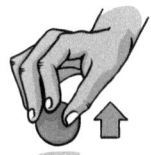

võtma

اخيستل

omama

درلودل

tegema

کول

olema

پاییدل

seisma

ودریدل

jooksma

مندي وهل

tõmbama

راکښل

viskama

ګوزارل

kukkuma

لویدل

lamama

څملاستل

ootama

انتظار کول

kandma

ورل

istuma

کښېناستل

riidesse panema

پوښاک اغوستل

magama

ویده کیدل

ärkama

پاڅیدل

vaatama

كتل

nutma

ژړل

paitama

بريد كول

kammima

كمنځ كول

rääkima

خبرې كول

aru saama

پوهيدل

küsima

غوښتل

kuulama

اوريدل

jooma

څښل

sööma

خورل

korrastama

پاكول

armastama

مينه كول

süüa tegema

پخلى كول

sõitma

موټر چلول

lendama

الوتل

purjetama

بېرۍ چلول

arvutama

حساب

lugema

لوستل

õppima

زده کول

töötama

کار کول

abielluma

واده کول

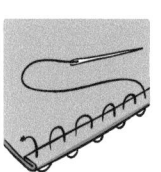

õmblema

ګنډل

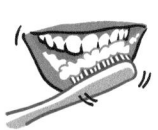

hambaid pesema

د غاښونو برس کول

tapma

وژل

suitsetama

سګرټ څښل

saatma

لېږل

perekond

کورنۍ

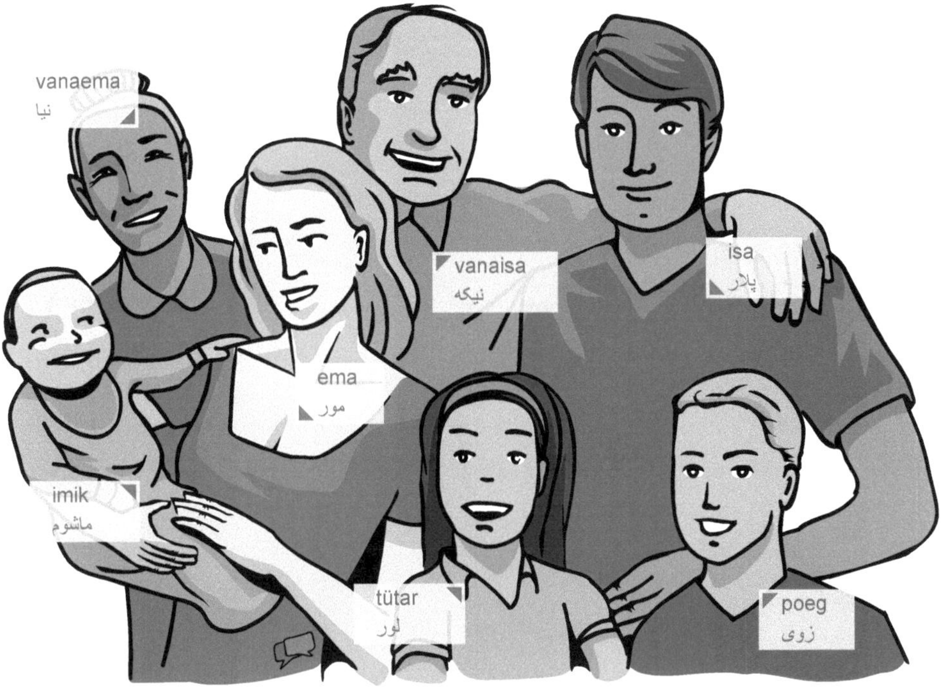
vanaema
نیا
vanaisa
نیکه
isa
پلار
ema
مور
imik
ماشوم
tütar
لور
poeg
زوی

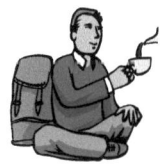

külaline
میلمه

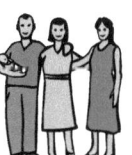

tädi
ترور

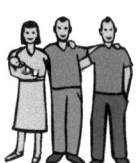

onu
کاکا/ماما

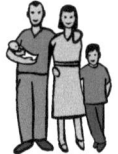

vend
ورور

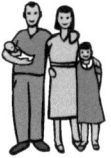

õde
خور

otsmik
تندى

silm
سترکسي

 õlg
اوږه

sõrm
کوته

nägu
مخ

lõug
زنه

käsi
لاس

rind
سينه

käsivars
مت

jalg
پښه

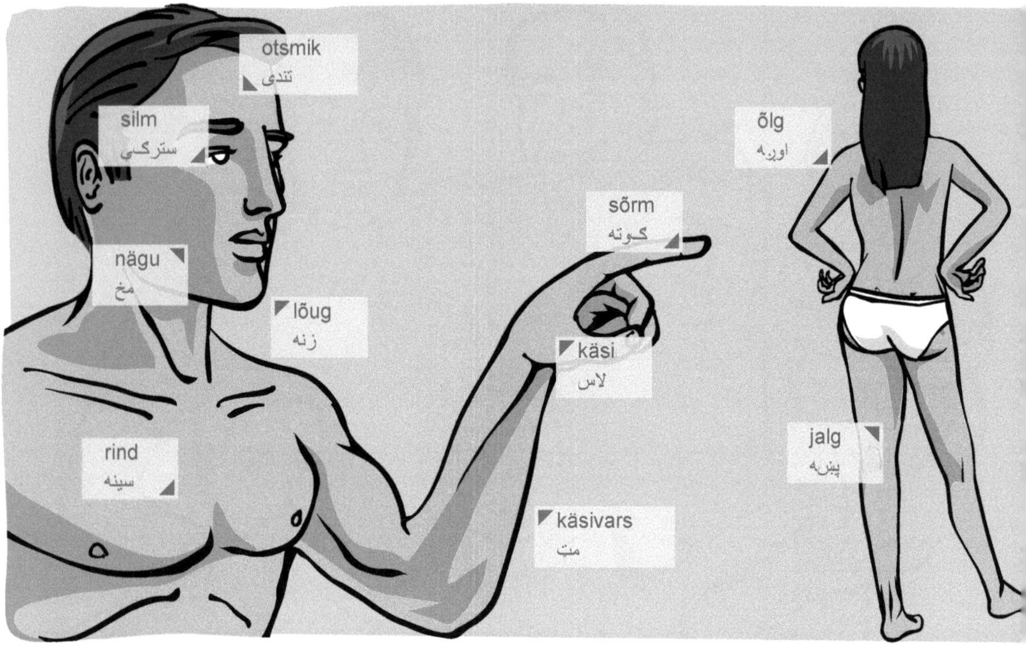

imik

ماشوم

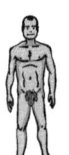

mees

سړی

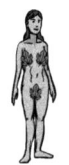

naine

ښځه

tüdruk

انجلۍ

poiss

هلک

pea

سر

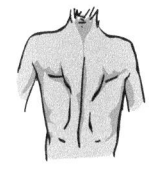

selg

شا

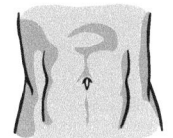

kõht

خیټه

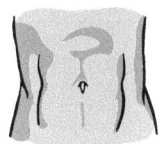

naba

نوم

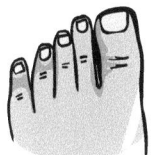

varvas

د پښی ګوته

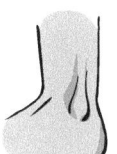

kand

پونده

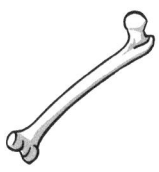

luu

هډوکی

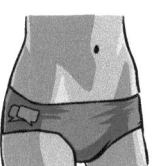

puus

کوناتی

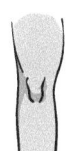

põlv

زنګون

küünarnukk

څنګل

nina

پوزه

tagumik

لاندی برخه

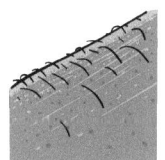

nahk

پوټکی

põsk

غومبوری

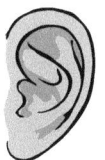

kõrv

غوږ

huuled

ثونډه

suu

خوله

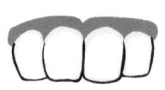

hammas

غاښ

keel

ژبه

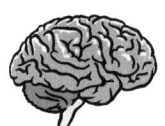

aju

مغز

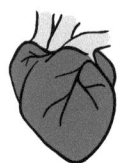

süda

زړه

lihas

عضله

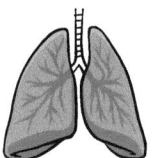

kops

سږرى

maks

ځيګر

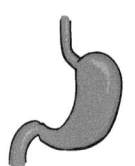

magu

معده

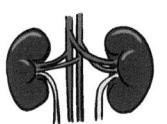

neerud

پښتورګي

seksuaalvahekord

جنسي نزدي والی

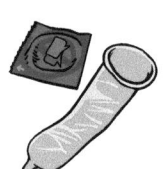

kondoom

كاندوم

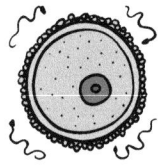

munarakk

تخمه

sperma

مني

rasedus

حمل

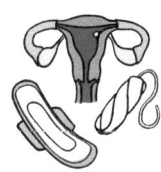

menstruatsioon

حيض

vagiina

مهبل

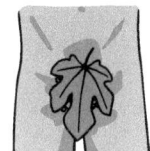

peenis

د نارينه تناسلي آله

kulm

وروځی

juuksed

ويښته

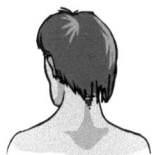

kael

غاړه

haigla
روغتون

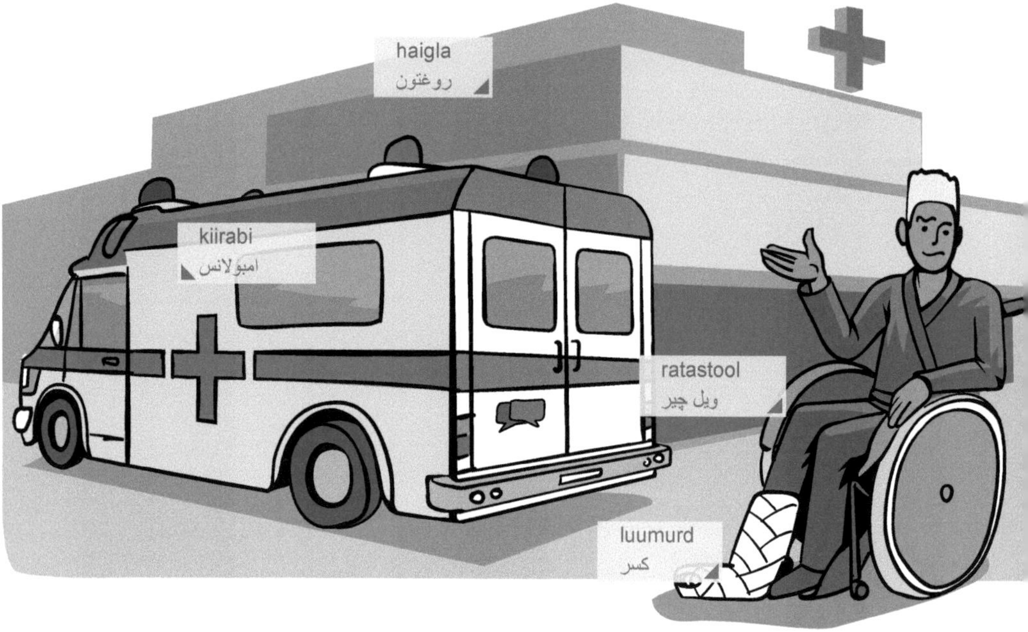

haigla
روغتون
kiirabi
امبولانس
ratastool
ویل چیر
luumurd
کسر

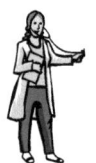

arst
ډاکټر

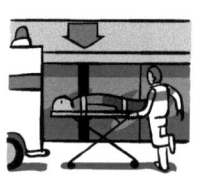

traumapunkt
عاجل خونه

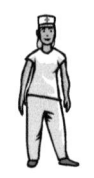

meditsiiniõde
رنځورپال

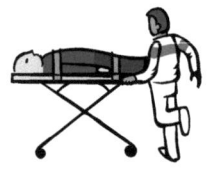

hädaolukord
عاجل

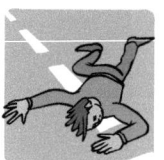

teadvuseta
بي هوش

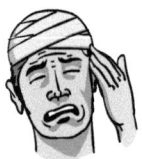

valu
درد

vigastus

پت

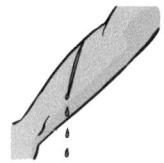

verejooks

وینه تویدل

südamerabandus

د زړه حمله

insult

ضرب

allergia

حساسیت

köha

ټوخی

palavik

تبه

gripp

انفلوینزا

kõhulahtisus

نس ناستی

peavalu

سر درد

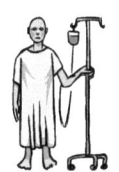

vähk

سرطان

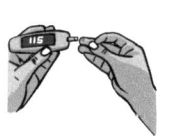

diabeet

شکر

kirurg

جراح

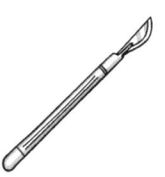

skalpell

سکالپل

operatsioon

عملیات

KT

سۍ‌ت‌ي

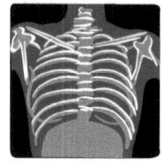

röntgen

ایکس رى

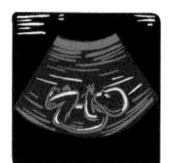

ultraheli

التراساوند

mask

د مخ ماسک

haigus

ناروغي

ooteruum

انتظار خونه

kark

امسآ

kips

پلستر

side

بنداژ

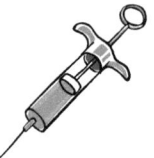

süst

تزریق

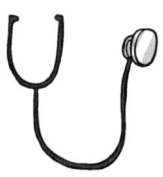

stetoskoop

ستاتسکوپ

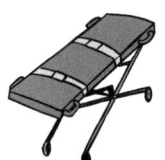

kanderaam

تسکیره

kraadiklaas

کلینیکي ترمامیتر

sünd

زیږون

ülekaaluline

زیات وزن

kuuldeaparaat

د اوريدو مرسته

desinfektsioonivahend

د عفونيت ځخه پاکونکي مواد

põletik

عفونيت

viirus

ويروس

HIV / AIDS

ايچ.آی.وی/ايدز

meditsiin

درمل

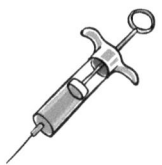

vaktsineerimine

واکسين

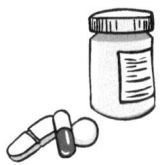

tabletid

ټابليټس

pill

کولی

hädaabikõne

عاجل تليفون

vererõhuaparaat

د ويني د فشار ځارونکی

haige / terve

ناروغ/روغ

Appi!

مرسته!

häire

الارم

kallaletung

يرغل

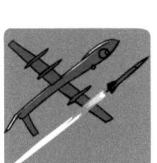

rünnak

بريد

oht

خطر

avariiväljapääs

عاجل لاره

Tulekahju!

اور!

tulekustuti

د اور وژونکی

õnnetus

پېښه

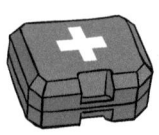

esmaabikomplekt

د لومړی مرستئ لوازم

SOS

ايس.او.ايس

politsei

پوليس

Euroopa

اروپا

Põhja-Ameerika

شمالي امريکا

Lõuna-Ameerika

سهيلي امريکا

Aafrika

افريقا

Aasia

آسيا

Austraalia

استريليا

Atlandi ookean

اتلانتيک

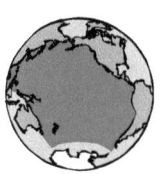

Vaikne ookean

پاسيفيک

India ookean

د هند بحر

Lõuna-Jäämeri

جنوبي منجمد بحر

Põhja-Jäämeri

د شمال قطب بحر

põhjapoolus

شمالي قطب

lõunapoolus

سهيلي قطب

Antarktika

انتارکتیکا

Maa

خُمکه

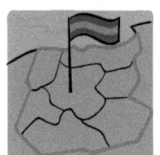

maismaa

خُمکه

meri

بحر

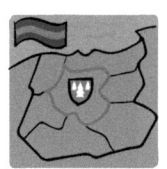

saar

نتاپو

rahvus

ملت

riik

دولت

sihverplaat

د مخي ساعت

tunniosuti

د ساعت ستنه

minutiosuti

د دقیقي ستنه

sekundiosuti

د ثانیي ستنه

Mis kell on?

څه وخت دی؟

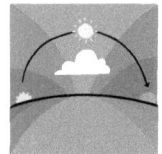

päev

ورځ

aeg

وخت

praegu

اوس

digitaalne kell

ډیجیټل ساعت

minut

دقیقه

tund

ساعت

esmaspäev
دوشنبه

MO

kolmapäev
چهارشنبه

W

reede
جمعه

FR

TU

TH

laupäev
شنبه

SA

teisipäev
سه شنبه

neljapäev
پنجشنبه

SO

pühapäev
یکشنبه

eile
پرون

täna
نن

homme
سبا

hommik
سهار

lõuna
غرمه

õhtu
ماښام

tööpäevad
کاري ورځی

nädalavahetus
د اونۍ پای

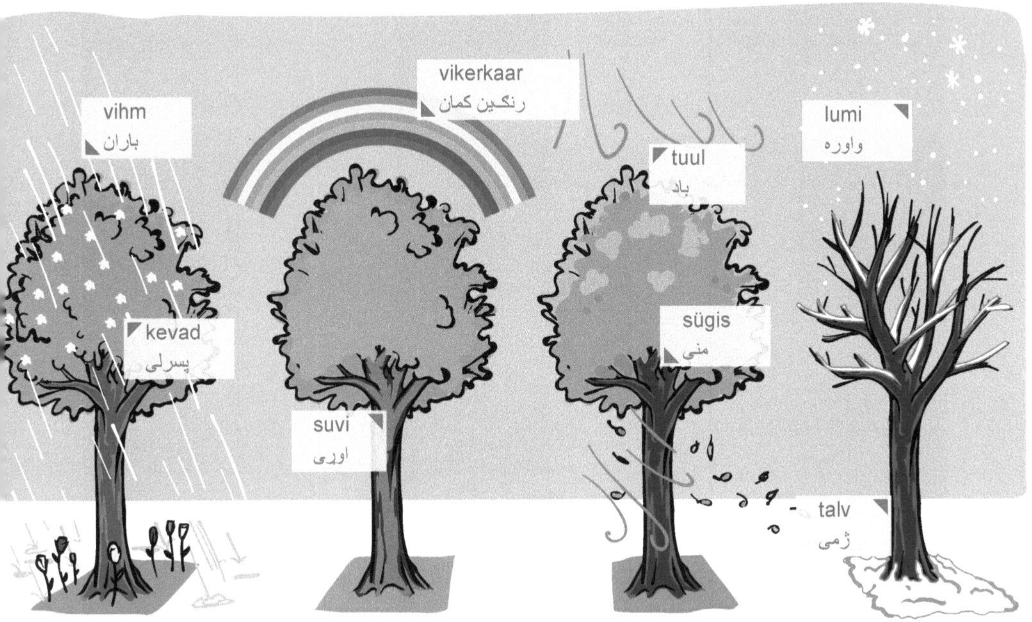

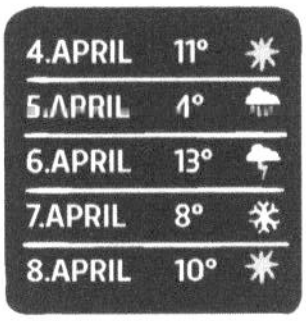

vihm
باران
vikerkaar
رنګين کمان
lumi
واوره
tuul
باد
kevad
پسرلی
suvi
اوړی
sügis
منی
talv
ژمی

4.APRIL 11°
5.APRIL 4°
6.APRIL 13°
7.APRIL 8°
8.APRIL 10°

ilmaennustus

د موسم وړاندوینه

F C
120 40
90 30
60 20
30 10
0 0
-30 -10
-20

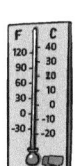

termomeeter

ترمومیټر

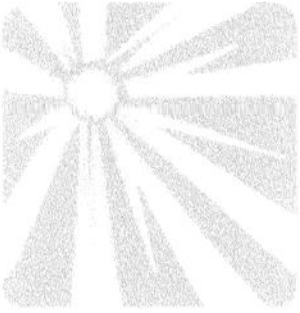

päikesepaiste

د لمر وړانګې

pilv

وریځ

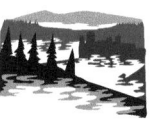

udu

لړه

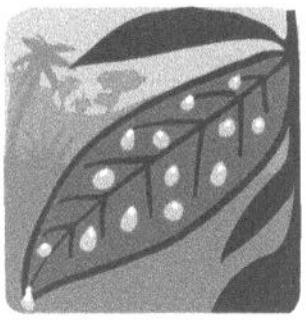

niiskus

رطوبت

pikne

رعنا

kõu

تندر

torm

توفان

rahe

ژلی وریدل

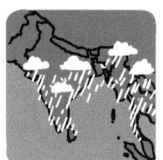

mussoon

مون سون باران

üleujutus

سیلاب

jää

یخ

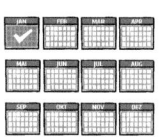

jaanuar

جنوري

veebruar

فبروري

märts

مارچ

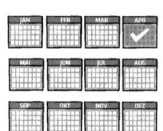

aprill

اپریل

mai

می

juuni

جون

juuli

جولای

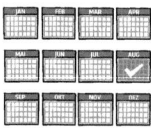

august

اگست

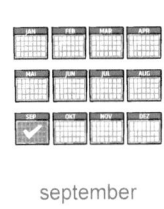

september

سپتمبر

oktoober

اکتوبر

november

نومبر

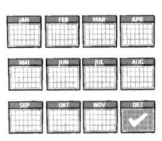

detsember

دسمبر

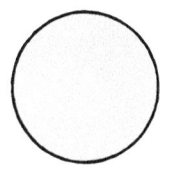

ring

دایره

ruut

مربع

nelinurk

مستطیل

kolmnurk

مثلث

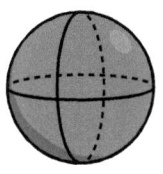

kera

توپ

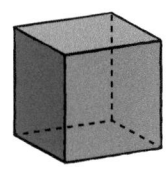

kuup

فال

valge

سپين

kollane

ژير

oranž

نارنجي

roosa

گلابي

punane

سور

lilla

ارغواني

sinine

نيلي

roheline

شين

pruun

نسواري

hall

خړ

must

تور

palju / vähe

خورا ډیر/خورا لږ

vihane / rahulik

قار/ارام

ilus / inetu

ښكلى/بدشكله

algus / lõpp

پیلا/پای

suur / väike

لوی/کوچنی

hele / tume

روښانه/تیاره

vend / õde

ورور/خور

puhas / must

پاک/ككر

täielik / puudulik

مکمل/نامکمل

päev / öö

ورځ/شپه

surnud / elus

مړ/ژوندی

lai / kitsas

پراخه/نری

söödav / mittesöödav

د خوراک ور/نه خورل کیدونکی

kuri / sõbralik

بد/مهربان

põnevil / tüdinud

پاريدلی/بی خونده

paks / peenike

چاق/ډنګر

esimene / viimane

لومړی/اوروستی

sõber / vaenlane

ملګری/دښمن

täis / tühi

ډک/تش

kõva / pehme

سخت/نرم

raske / kerge

دروند/سپک

nälg / janu

لوږه/تنده

haige / terve

ناروغ/روغ

ebaseaduslik / seaduslik

غیرقانونی/قانونی

tark / rumal

هوښیار/ساده

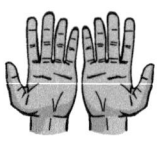

vasak / parem

کیڼ/ښی

lähedal / kaugel

نژدې/لرې

uus / kasutatud

نوی/زرو

mitte midagi / midagi

هیخ/یوحه

vana / noor

بدا/خوان

sees / väljas

چالا/د/بند

lahti / kinni

خلاص/ترلی

vaikne / vali

غلی/الور غږ

rikas / vaene

بدايه/غريب

õige / vale

صحيد/غلط

kare / sile

زبر/ملایم

kurb / rõõmus

خفه/خوش

lühike / pikk

لند/اورد

aeglane / kiire

سست/کرندی

märg / kuiv

لوند/وچ

soe / jahe

کرم/یخ

sõda / rahu

جکړ/چ/سوله

0	**1**	**2**
null	üks	kaks
صفر	یو	دوه

3	**4**	**5**
kolm	neli	viis
دری	څلور	پنځه

6	**7**	**8**
kuus	seitse	kaheksa
شپږ	اوه	اته

9	**10**	**11**
üheksa	kümme	üksteist
نهه	لس	یولس

12
kaksteist

دولس

13
kolmteist

ديارلس

14
neliteist

خوارلس

15
viisteist

پدخلس

16
kuusteist

شپارس

17
seitseteist

وولس

18
kaheksateist

اتلس

19
üheksateist

نولس

20
kakskümmend

شل

100
sada

سل

1.000
tuhat

زر

1.000.000
miljon

ميليون

inglise

انګلسي

Ameerika inglise

امريکايي انګلسي

mandariini

چينايي مندرين

hindi

هندي

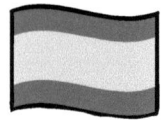

hispaania

هسپانوي

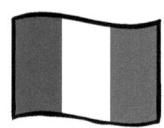

prantsuse

فرانسوي

araabia

عربي

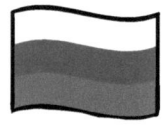

vene

روسي

portugali

پرتګالي

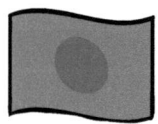

bengali

بنګالي

saksa

آلماني

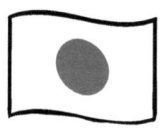

jaapani

جاپاني

mina

زه

sina

ته

tema

هغه/دغه/دا

meie

موږ

teie

تاسې

nemad

دوی/هغوی

kes?

څوک؟

mis?

څه؟

kuidas?

څنگه؟

kus?

چیری؟

millal?

کله؟

nimi

نوم

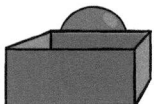

taga

شاته

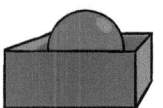

sees

په

ees

په مخه کي

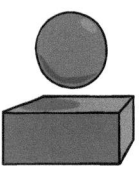

kohal

باندي

peal

په

all

لاندي

kõrval

برسيره پر

vahel

ترمينځ

koht

ځای